DES RELATIONS SOCIALES

ET

INTELLECTUELLES

ENTRE LA FRANCE ET L'ANGLETERRE

DEPUIS LA CONQUÊTE DES NORMANDS JUSQU'A LA RÉVOLUTION FRANÇAISE.

Lorsque l'on parle des Français et des Anglais, il faut toujours en revenir au mot profond de Joseph de Maistre, c'est que, « comme deux aimants prodigieux, ils s'attirent par un côté et se fuient par l'autre, car ils sont à la fois ennemis et parents. » Aujourd'hui que les causes d'inimitié ont cessé, que les affinités ont pris le dessus, que les deux peuples, grâce à la facilité toujours croissante des communications, s'estiment davantage parce qu'ils se connaissent mieux ; qu'enfin, une même pensée de coopération cordiale dans les périls de la guerre, d'émulation salutaire dans les arts de la paix, les réunit au grand profit de la civilisation, le moment nous a paru bien choisi pour tracer l'histoire de leurs relations sociales et intellectuelles dans le passé, pour montrer comment ils se sont connus et jugés réciproquement, leurs alternatives d'attraction et de répulsion, ce qu'ils ont pu devoir l'un à l'autre, jusqu'à quel point leurs qualités et leurs défauts se sont modifiés par le contact ; en un mot, l'influence respective des deux civilisations qui marchent aujourd'hui à la tête du mouvement européen.

Le voisinage et la communauté de race, tels sont les premiers liens qui rattachent la Grande-Bretagne à la France ; elles tiennent l'une et l'autre à la grande famille celtique dont les restes se sont conservés dans notre Bretagne, et, de l'autre côté du détroit, dans la principauté de Galles, en Irlande et en Ecosse. On raconte qu'au combat de Saint-Cast, en 1778, une compagnie de Bas-Bretons, qui s'avançait pour combattre un régiment de fusiliers gallois, s'arrêta tout-à-coup en les entendant chanter un de leurs airs nationaux : cet air, ces paroles, étaient ceux qui avaient bercé leur enfance. Les officiers des deux troupes voulurent commander le feu, mais c'était dans la même langue ! L'émotion fut alors générale, et l'on vit les descendants des vieux Celtes, Bretons et Gallois confondus, oublier leurs querelles d'un jour dans une accolade fraternelle ; peut-être, sur les champs de bataille ou dans les camps de la Crimée, quelque zouave, enfant du Finistère ou du Morbihan, a-t-il senti se réveiller des affinités semblables près de ces *Highlanders* avec lesquels il aime à fraterniser. Des deux côtés du détroit les lieux eux-mêmes ont, ainsi que les habitants, un air de famille ; les harmonies naturelles qui existent entre les paysages de nos provinces nord-ouest et ceux des comtés anglais correspondants sont telles, que le voyageur se demande parfois s'il n'est pas encore sur le continent. La ressemblance des noms géographiques vient encore aider à l'illusion, et l'antiquaire géologue a pu rêver un temps où les falaises du littoral et les vallées du bocage normand se rejoignaient sans interruption aux sites analogues qui les continuent de l'autre côté de la Manche.

Quoiqu'il en soit, les idées franchirent le bras de mer qui sépare les deux peuples bien avant que la vapeur et l'électricité annulassent cette distance, et si souvent la France, en sa qualité de pays continental, eut l'initiative, ou fut tout au moins le véhicule de ces idées, souvent aussi elles nous revinrent tellement transformées, que nous ne les reconnaissions plus, semblables qu'elles étaient à ces vins généreux dont le crû est chez nous, mais qui ne donnent toute leur saveur que quand ils ont passé la mer.

La civilisation romaine fut un des premiers emprunts que nous fit la Bretagne insulaire :

> Gallia causidicos docuit facunda Britannos.

Le christianisme vint ensuite, et bientôt ces deux influences se réunirent pour combattre à la fois le paganisme et la barbarie. Partout des écoles se fondaient à côté des monastères ; chez les Irlandais l'étude du grec et du latin s'alliait à celle de la théologie ; ils imitaient les grammairiens de Toulouse, et étaient imités à leur tour par les Anglo-Saxons. Tandis qu'Augustin, Saint-Loup de Troye et Saint-Germain d'Auxerre, combattaient encore l'hérésie tenace chez les Bretons, un Gallo-Romain, Patrice, formé à la vie religieuse dans les abbayes de Marmoutiers et de Lérins, avait entrepris et presqu'achevé, en trente-trois ans, la conversion de l'Irlande plus docile. Aussi, lorsqu'au cinquième siècle ces Bretons, fuyant la tyrannie saxonne, passèrent en Armorique, ils y portèrent, avec un reste de druidisme et de traditions poétiques qui leur était commun avec leurs hôtes, un christianisme mieux affermi, et ravivèrent chez eux ce flambeau de vie (*vital lampada*) que le continent leur avait précédemment transmis à eux-mêmes. C'est à cette époque qu'on peut rapporter l'origine des récits traditionnels où figurent les noms d'Arthur, de Merlin, de Guinclan, de Taliesin, récits que nous verrons au douzième siècle se transformer en romans et en poèmes; alors aussi paraissent ces légendes, à peine moins poétiques, quoique fondées sur des faits véritables, de saint Efflam, saint Renan, saint Samson, de ces moines ou prélats vénérés qui, poussés par l'esprit de Dieu, venaient des rivages opposés, à travers la mer orageuse, apporter à l'Armorique, encore barbare, les bienfaits du christianisme et de la civilisation.

Plus tard, et lorsque les mœurs chrétiennes semblaient périr chez les Francs par les désordres des guerres et le relâchement des prélats, les missions irlandaises de Saint-Colomban et de ses compagnons ramenaient à son point de départ cette propagande chrétienne que l'église gauloise avait répandue dans toutes les nations celtiques. Dans ce prosélytisme, dont les effets s'étendaient à l'Europe entière, « une sorte de piété filiale, dit Ozanam [1], les poussait de préférence vers les églises des Gaules d'où ils avaient reçu l'Evangile; ils y rapportaient la vigueur d'une race dont le sang n'était pas mêlé, et qui ne connaissait pas les mœurs relâchées du midi. » Les grandes écoles monastiques irlandaises de Clonard, de Lismore, en même temps qu'elles suscitaient en Angleterre celles de Cantorbéry et d'York, formaient, en Gaule, celles de Luxeuil et de Saint-Gall. Adhelm et Bède fondaient à leur tour d'autres écoles anglo-saxonnes assez florissantes pour que Charlemagne demandât à l'une d'elles le principal instrument de ses vastes plans de régénération des études françaises. Alcuin vint se fixer en France, et partagea ses soins entre l'Académie palatine et l'école de Tours où il mourut; sa correspondance témoigne de relations littéraires très actives entre la France et la Grande-Bretagne. Les savantes fondations de Charlemagne, établies avec l'aide d'un Anglo-Saxon, excitent à leur tour l'émulation d'Alfred qui fonde Oxford à leur imitation; et les premières leçons régulières données à Cambridge sont dues à quatre moines amenés du continent par Geoffroy, abbé de Croyland, qui viennent y professer la grammaire, la rhétorique et la philosophie d'après le système suivi aux écoles

[1] *La Civilisation chrétienne chez les Francs*, p. 102.

d'Orléans[1]. Parmi ces études, il en est une, celle de la philosophie, qui, aiguisée par l'esprit subtil des Irlandais, deviendra bientôt la scolastique. Avant d'être développée par les Bretons Roscelin et Abélard, on la voit poindre dans les écrits d'un enfant d'Erin, Jean Scot, accueilli chez nous avec faveur par Charles-le-Chauve, et ami de nos savants prélats, Prudentius, évêque de Troyes, Hincmar, archevêque de Reims, Pandulfe, archevêque de Lyon.

Si l'Armorique avait été le premier point de contact entre la Grande-Bretagne et le continent de la Gaule, une autre province, voisine de celle-ci, mais plus tôt et plus complètement française, devait enchaîner les deux peuples l'un à l'autre par des liens bien autrement puissants. Contiguë à la Petite-Bretagne sur laquelle elle exerçait même certains droits de suzeraineté, et séparée de la Grande par un détroit seulement, la Normandie avait sans doute des affinités de race avec les conquérants du nord, Angles et Danois, qui avaient laissé leur trace sur le sol anglais; mais les cent cinquante ans qui séparent l'établissement des hommes du nord en Neustrie de la conquête de l'Angleterre avaient suffi pour leur faire adopter presque complètement la religion, la langue et les mœurs de leur nouvelle patrie; seulement la violence, l'avidité, l'humeur aventureuse et guerroyante des premiers envahisseurs, adoucies et transformées par le contact avec la France et par la consolidation de la terre entre leurs mains, formèrent, avec le temps, ce caractère où domine, avec une prédilection marquée pour le duel judiciaire, l'amour de la propriété, amour qui, dans les siècles de conquêtes, les poussait à l'invasion des royaumes, et qui souffle aujourd'hui au moindre paysan de cette province l'ambition de devenir propriétaire foncier, électeur, etc. Parmi les traits caractéristiques du génie anglo-normand, il faut encore signaler cet esprit positif qui brille dans la statistique générale du *Domesday-Book*, œuvre prodigieuse pour le temps, faite par les clercs de Guillaume, et dans ce désir constant de s'appuyer sur des titres en droit civil comme en droit public. *As-tu de l'écrit?* demande le villageois normand à son adversaire. C'est au même besoin que répondent et la grande Charte anglaise et la Charte normande, sans cesse invoquées, sans cesse confirmées, mais qui ne paraissaient jamais assez explicites.

Tout le terrain qu'avaient gagné les Normands, les Anglo Saxons devaient le perdre au propre et au figuré. Orderic Vital nous les représente, à l'époque de la conquête, comme devenus presque étrangers aux arts de la civilisation (*rudes ac pene illiteratos*). Guillaume de Malmesbury en parle dans le même sens. « Ils dépensaient, dit-il, tout leur bien dans des orgies et laissaient leurs habitations dans un état misé-

---

[1] Petrus Blesensis, *Contin. hist. Croyl.*, p. 114

rable, bien différents en cela des Francs et des Normands qui, économes dans leurs dépenses domestiques, aimaient néanmoins les manoirs confortables et les édifices spacieux... Dès qu'ils furent établis en Angleterre, toutes les églises furent rebâties par eux dans un nouveau style. » Ainsi l'amour du *home* et le goût de l'architecture gothique furent en Angleterre des produits de la conquête normande.

C'est en 1002 que commença entre les deux pays l'alliance politique qui devait, soixante-quatre ans plus tard, les réunir sous un chef normand. Edouard, né d'une mère normande, élevé à Rouen, passa en Normandie les années de son exil, et lorsqu'il monta sur le trône d'Angleterre, il attira près de lui les prêtres et les hommes d'armes normands, dont il aimait à s'entourer. Les chroniqueurs nous montrent la Grande-Bretagne déjà francisée avant d'être conquise : « Dès le règne d'Edouard, dit Ingulphe, sous Guillaume et ses successeurs, tout le pays abandonna les habitudes anglaises pour imiter en toutes choses les mœurs des Francs; les grands adoptèrent dans leurs cours l'usage de l'idiome gaulois, comme le signe caractéristique d'une haute noblesse; ils rédigèrent dans la même langue leurs actes publics et privés [1]. » Cette mode ne se renferma pas, comme on pourrait le croire, dans les rangs élevés de la société; elle s'étendit bientôt aux classes inférieures : « Les gens de la campagne, dit un autre historien à une date voisine de la conquête, tâchent à l'envi de se franciser pour se mettre par là en évidence [2]. » Paroles que nous retrouvons presque littéralement dans un écrivain de la fin du quatorzième siècle, tant la Gallomanie fut profonde et persistante en Angleterre. « Il n'est pas jusqu'au paysan, disait Trévisa à cette dernière époque, qui ne veuille ressembler au gentilhomme, et qui n'affecte à grand'peine de parler français pour se donner de l'importance; d'où est venu le commun proverbe : S'il savait le français, Jack serait un gentleman [3]. »

Ainsi la France s'était imposée à l'Angleterre par la seule force d'une civilisation supérieure, et l'invasion était commencée dans les mœurs avant d'être achevée par les armes; ce qui explique la facilité avec laquelle s'opéra la conquête, ou plutôt, comme les jurisconsultes anglais l'appelèrent, l'*acquisition* [4] de l'Angleterre par les Normands,

---

[1] *Ingulph*. apud D. Bouquet xi, 153.

[2] « Rurales homines, ut per hoc spectabiliores videantur, francigenari satagunt omni ni u. » — *Ranulph*. apud Gale, *Rerum anglic. scrip.*, p. 210.

[3] « Also uplondische men will liken himself to gentlemen and fondeth with great besynesse to speak French for to be told of, wherefore it is said in common proverb; Jack Would be a gentleman, if he could speak french. » Trevisa, *Translation of Hygden's Polychronicon*.

[4] « *Conquestus*, id quod a parentibus non acceptum, sed labore, pretio, vel parcimonia comparatum possidemus. Hinc Guillelmus Conquestor dicitur quod Angliam conquisivit, non quod subegit. » Spelman, *Glossarium*. Voyez aussi Math. Hale, *History of the common law*, p. 62 et suiv.

et la substitution paisible de leur dynastie à celle des Anglo-Saxons,
Guillaume aurait pu dire à ces derniers, en devançant un mot célèbre :
« Il n'y a rien de changé en Angleterre; ce n'est qu'un Normand de
plus. »

Sans refaire ici un tableau tracé de main de maître, nous nous borne-
rons à exposer quelques-unes des conséquences sociales et intellectuelles
qu'entraîna pour l'Angleterre le grand événement que nous venons d'indiquer. En ce qui touche le langage, les historiens anglais du dix-huitième
siècle, que leurs goûts littéraires, leurs opinions philosophiques pré-
disposaient à une grande partialité pour tout ce qui venait de la France,
ont sans doute exagéré la part de l'élément normand dans la constitu-
tion définitive de l'anglais. De nos jours, une étude plus approfondie
des origines nationales, des idiomes teutoniques et de l'anglo-saxon
en particulier, a fait rabattre beaucoup de ces premiers aperçus. D'après
les dernières recherches des savants anglais, loin que le français forme
encore, comme l'a dit Hume, « la plus grande et la meilleure partie de
leur langue, » les quatre cinquièmes, ou, suivant les calculs les plus
modérés, les cinq huitièmes de l'anglais actuel appartiendraient
à l'idiome saxon, et ce contingent se composerait des mots qui ex-
priment les idées primitives, les besoins naturels. Il y a probablement ici exagération en sens contraire, comme l'a démontré un de nos
écrivains [1]; ce qui reste vrai, c'est que la part, quelle qu'elle soit, des
importations françaises dans la langue de nos voisins, venant s'ajouter
à un vocabulaire déjà complet, eu égard aux besoins d'une civilisation bornée, n'a pu leur donner en quelque sorte que le superflu,
mais ce superflu qu'ici encore il est permis d'appeler « chose très né-
cessaire, » c'est-à-dire le langage de la culture intellectuelle, de la littérature polie, des sciences et des arts, à prendre ces mots dans leur
acception la plus étendue, depuis la philosophie, le droit féodal et cou-
tumier, jusqu'à l'art de bien vivre, l'élégance, la politesse, la science
des jouissances et des relations sociales. Ainsi nous leur avons fourni
non-seulement des synonymes pour les mots qu'ils possédaient déjà [2],
mais encore des formules pour les idées nouvelles qui semblent chez
eux les plus indigènes. En effet, une grande partie de leur vocabulaire

---

[1] J.-P Thommerel, *Recherches sur la fusion du franco-normand et de l'anglo-saxon,*
Paris, 1841, in-8, voy. le chap 8 : *En quelle proportion les mots étrangers entrent-ils
dans l'anglais?*

[2] On peut remarquer que, dans le domaine des idées morales, comme dans l'ordre des faits
matériels, le mot normand ajoute une idée de raffinement à l'état naturel exprimé par le saxon.
Ainsi le bœuf (*ox*), le veau (*calf*), le cochon (*swine*), le mouton (*sheep*) parurent transformés à
la table du vainqueur sous les noms nouveaux de *beef, veal, pork, mutton*. De même il y a
une nuance, allant toujours du simple au composé, dans la synonymie morale des mots
feeling et *sentiment, guilt* et *crime, work* et *labour, barren* et *sterile, reward* et *récom-
pense,* etc.

parlementaire (*parliament* lui-même, *élection*, *budget*, *ballot*, *canvass*,) et industriel (*rail*, *tunnel*, etc.,) est empruntée à de vieux mots français qu'ils ont su adapter à des usages nouveaux.

Quoiqu'il en soit des destinées ultérieures du franco-normand, il faut bien reconnaître qu'à l'époque de la conquête, il devint, en Angleterre, la langue officielle, celle de la cour et des nobles, des écoles, des tribunaux ; que, sans peut-être se substituer jamais entièrement à l'anglo-saxon, il domina pendant deux cent soixante ans, s'étendit des grands aux petits, et servit à exprimer les besoins de la vie commune aussi bien que les prescriptions de l'autorité publique et les raffinements de la vie de cour.

C'est en français que le conquérant confirmait les lois d'Edouard ; que Jean-sans-Terre, en 1215, Henri III, en 1259, promettaient les réformes qui leur étaient demandées par les barons ; que les actes du parlement et toutes les transactions parlementaires, jusqu'en 1435, étaient rédigés ; enfin la langue française était employée par les rois d'Angleterre dans les actes publics avant de l'être par les rois de France eux-mêmes. Cela dura jusqu'à l'année 1483, quoiqu'on eût cessé dès 1362 de plaider en français ; mais jusqu'au dix-septième siècle, les traités de jurisprudence anglaise continuèrent à être écrits en un jargon franco-normand [1] qui n'a d'analogue que dans certaines formules du cérémonial anglais presqu'aussi étranges pour nos oreilles que pour celles de nos voisins. Dans les écoles, les enfants étaient astreints à se servir du français pour leurs devoirs et leurs leçons, et cet état de choses, au dire de l'auteur anglais qui s'en plaint [2], ne cessa qu'en 1385. Jusqu'en 1328, les élèves des universités, ainsi que cela est attesté par les statuts du collége du Christ, à Oxford, durent, même entre eux, converser en français ou en latin.

Le roman de *Blonde d'Oxford et Jehan de Dammartin,* par un trouvère anglo-normand du treizième siècle, curieuse peinture des mœurs seigneuriales des deux pays, nous montre un Français qui va chercher fortune en Angleterre, et qui est placé par le comte d'Oxford auprès de sa fille, comme écuyer tranchant. Il lui enseigne aussi le français qu'elle ne savait qu'imparfaitement.

> Et en meilleur françois la mist
> Qu'ele n'estoit quant à li vint.

---

[1] En voici un échantillon : *La graunde abridgment, collecte par le judge très révérent M. Anthony Fitzherbert, dernièrement conserre ovesque la copye escript et per co correcte, jamais devaunt imprimés,* Lond. Richard Tottell, 1576.

[2] « Children in school, against the usage and manner of all other nations, were compelled for to leave her own language, and for te construe her lessons and her things in frenche, and have since that the Normans come first into England. Also gentil men children were taught for to speke frenche from the time that they were rokked in their craddle, and kunneth speke and play with a childes brooche. » Trevisa, *Polychronicon.*

Notre Saint-Preux et notre Julie du treizième siècle ne tardent pas à faire l'amour en bon français, tandis que l'auteur fait écorcher cette langue par leur rival, le comte de Glocester, toutes les fois qu'il le met en scène. Les deux amants se réfugient en France, où, par l'entremise du roi de ce pays, Blonde d'Oxford épouse Jehan, qui est créé comte de Dammartin.

Ainsi, tandis que le Saxon était refoulé dans les dernières classes de la population, que le latin continuait en partie à être la langue des clercs, le français, à la fin du douzième et au commencement du treizième siècle, était appliqué à la poésie rimée (il ne faut pas oublier que la rime est aussi une importation normande), aux œuvres d'imagination, enfin aux compositions qui donnent surtout le ton à la littérature d'un peuple. Nous disons *le français :* en effet, le franco-normand transporté en Angleterre ne différait que peu ou point de notre langue d'Oc, et les légères modifications qu'il y subit n'affectèrent guère que l'orthographe et la prononciation[1]. De là vient que tel mot français des douzième et treizième siècles, dont l'usage est aujourd'hui perdu chez nous, se retrouve de l'autre côté du détroit, au grand avantage des études philologiques. La poésie anglo-normande est pour les deux peuples une véritable littérature internationale. Elle s'exerça de préférence sur ces traditions bretonnes que nous avons vu, dès le cinquième siècle, se mêler aux migrations des peuplades celtiques en Armorique, en Angleterre, en Irlande et en Écosse. Ces souvenirs d'Arthur, de Merlin, de la Table Ronde, ravivés par les croisades et par les exploits des chevaliers normands, défraient les poèmes des trouvères qui empruntent à la France le vocabulaire de la chevalerie, comme Guillaume lui avait emprunté celui de l'organisation féodale.

Si le cycle de Charlemagne paraît antérieur à celui d'Arthur, s'il semble appartenir plus particulièrement à la France proprement dite, c'est cependant un jongleur normand, Taillefer, qui chante, à la bataille d'Hastings,

> De Charlemagne et des vassaux
> Qui moururent à Roncevaux.

C'est un poète anglo-saxon, Turold, qui est l'auteur de la plus ancienne version connue de cette épopée. Enfin, s'il est vrai que les légendes dont se compose le *Roman du Brut,* principale source des poèmes de la Table Ronde, furent recueillies en Armorique par Gauthier, archevêque d'Oxford, avant d'être mises en latin par Geoffroy de Montmouth, et en français par Robert Wace, il est à peu près certain qu'on ne trouve sur le continent la trace des poèmes bretons ou gallois qu'après

---

[1] Voy. Thommerel, *ouvrage cité.*

que Henri II d'Angleterre et ses successeurs les eurent fait para-
phraser en vers ou en prose anglo-normands par Robert Wace, le
chroniqueur de la conquête, Luc du Gast, Gautier Map, Hélie et Robert
de Borron, Rusticien de Pise.

Ainsi parurent *Tristan*, le *San-Graal*, *Giron le Courtois*, *Lancelot*,
Perceval, *Méliadus*, toutes ces compositions enfin qui, soit que la
scène et les héros appartiennent à l'Armorique ou à la Bretagne insulaire, ne sont pas moins revêtues d'une forme toute française, en sorte
qu'un biographe anglais de Chaucer a pu dire : Je suis porté à croire
que nous n'avons pas en Angleterre un seul poëme antérieur à
Chaucer qui ne soit emprunté à un original français [1].

D'autres genres étaient également cultivés par les trouvères anglo-
normands. Denis Pyrame rimait à la fois, pour la cour du roi Henri III,
le roman de *Partenopeus* et des poésies galantes. Gautier Map est
moins connu par ses grands poèmes que par deux compositions moins
graves qui jouissaient alors d'une grande popularité, la *Confession de
Golias* et la chanson à boire :

> Mihi est propositum in tabernâ mori.

Marie de France mettait en vers des lais traduits ou imités du breton,
le *Purgatoire de Saint-Patrice*, légende très répandue en Irlande et
populaire aussi en France, enfin un recueil de fables dont les sujets
sont empruntés en grande partie à Esope, mais qui avaient été tra-
duites en anglo-saxon par Alfred le Grand. Ils imitaient aussi nos premiers essais dramatiques ; leurs anciens mystères, joués par les cor-
porations de Chester et de Coventry, ressemblent beaucoup aux nôtres,
et notre *jeu*, si populaire, *de Robin et de Marion*, se mêla bizarrement
aux traditions anglaises sur l'*outlaw* Robin-Hood. Dans une des nom-
breuses versions de cette légende, Robin devient l'amant de Marion, et
figure avec elle dans les scènes pastorales des *May-games*. Tous ces
poètes ne se distinguent guère des écrivains purement français que
par certaines qualités qui leur sont propres. Suivant les auteurs de
l'*Histoire littéraire de la France*, « la plupart d'entre eux ont plus de
précision dans les idées, plus de fermeté dans le style ; ils entendent
un peu mieux que les autres l'art de la composition ; ils savent
mieux distribuer les détails et leurs ouvrages manquent moins d'u-
nité [2]. »

Du reste, s'il fallait une nouvelle preuve à ce que nous avons dit
précédemment que l'influence française en Angleterre fut plutôt l'effet
d'une civilisation supérieure que celui de la conquête, nous le trouve-

---

[1] Tyrwhitt, *Life of Chaucer*.
T. XVI, p. 210.

rions dans ce fait remarquable, que notre ascendant ne s'exerça pas seulement à leur égard par la Normandie victorieuse, mais aussi par les provinces du midi conquises ou dépendantes. En effet, il ne faut pas oublier que Henri II tenait de son père l'Anjou et le Maine, de sa mère la Normandie, que la répudiation d'Eléonore de Poitou lui donna toutes les provinces situées entre la Loire et les Pyrénées; qu'ainsi ce prince et ses successeurs réunirent sous leur sceptre une partie de la langue d'Oc et de la langue d'Oil, le pays des trouvères et celui des troubadours. Ces troubadours, sujets des monarques anglais, chantèrent les victoires de Henri II et de Richard Cœur-de-Lion, et chansonnèrent Henri III, qui se laissait prendre ses provinces par le roi de France. Richard les protégea, attira à sa cour Anselme Faydit et Fouquet de Marseille. L'un d'eux, Blondel de Nesle, fut son libérateur; lui-même, enfin, fut à la fois l'auteur et le héros de plus d'une poésie provençale.

Si les douzième et treizième siècles marquèrent l'apogée de la poésie française en Angleterre, ce dernier fut le triomphe de la philosophie scolastique et des études cosmopolites à l'université de Paris. Aussi jamais on ne vit plus d'exemples de cette ancienne coutume, qui régnait en Angleterre dès avant la conquête, d'envoyer les jeunes gens faire leur éducation en France [1]. Une chanson latine du douzième siècle rappelait cet usage :

> Filii nobilium, dum sunt juniores
> Mittuntur in Franciam fieri doctores.

On vit se renouer, entre les universités des deux pays, les relations qui avait existé du temps d'Alfred et de Charlemagne. Les priviléges accordés par le pape Innocent IV à celle d'Exeter portaient que les docteurs y seraient examinés *secundùm morem parisiensem*. En 1228, lors de la grande émeute qui fit suspendre les cours de l'université de Paris, les maîtres dispersés portèrent leurs leçons à Angers, à Poitiers, à Orléans et jusqu'à Oxford. Le libre mouvement des études, le caractère européen de ces établissements, l'usage du latin dans l'enseignement et même dans les rapports des élèves entre eux, enfin cette franc-maçonnerie du savoir, si puissante alors, créait entre les divers pays des communications dont les prodiges de la science moderne peuvent à peine égaler l'activité. Grâce à ces communications, il n'était pas rare de voir achever d'un côte de la Manche des études commencées de l'autre. C'est ce qui arriva au célèbre nominaliste Ros-

---

[1] « Apud Anglos usus tenet filios suos apud Gallos mittere ob usum armorum et linguæ nativæ barbariem tollendam. » Gervais de Tilbury. *Otia imperialia*, ann. 1066.

celin, de Compiègne, qui, condamné au concile de Soissons, traversa la mer, et alla troubler la ville d'Oxford par ses déclamations contre les mœurs dissolues des clercs bretons ; à Jean de Sacrobosco (en anglais *Holywood*), qui, au contraire, obtint ses degrés à Oxford, et vint professer à Paris, où il donna des leçons de mathématiques et d'astronomie. Dès cette époque, les sciences paraissent avoir été cultivées avec une espèce de prédilection par les Anglais. Dans le poème inédit de la *Bataille des VII arts*, par Henry d'Andely, on lit ce qui suit : « L'astronomie n'eut plus un seul asile en France, et sans l'Anglais Gautier, qui avait enseigné dans la rue du Petit-Pont, elle n'aurait pas eu un seul partisan. »

Le célèbre Giraldus Cambrensis, antiquaire, historien, poète, après avoir, dans sa jeunesse, suivi les cours de l'université de Paris, y retourna, et fut élu en 1189 professeur de droit canon. Les honneurs universitaires conférés aux maîtres par le libre suffrage de leurs pairs, flattaient des sentiments déjà chers au peuple anglais, et Mathieu Pâris mentionne avec complaisance un abbé, son compatriote, qui, après avoir étudié à Paris, avait été élu dans la compagnie élective des maîtres (*In electorum magistrorum consortium*).

Gautier Map, que nous avons cité parmi les poètes, mais qui fut aussi un prélat éminent, ami de Thomas Becket, de Henri-le-Libéral, comte de Champagne, de Louis-le-Jeune, roi de France, rappelle dans son curieux ouvrage *De nugis curialium*, qu'il avait étudié à Paris sous le fameux Girard-la-Pucelle, et s'était trouvé à plusieurs de ces émeutes si fréquentes alors entre les écoliers et les bourgeois[1]. Jean de Sarisbéry, qui fut évêque de Chartres, se représente aux pieds d'Abélard, recevant de lui les principes de la philosophie, et dévorant, avec toute l'ardeur et l'intelligence dont il était capable, les paroles qui tombaient de la bouche du maître[2]. Alexandre Neckham a aussi, comme Pétrarque, ses réminiscences parisiennes et universitaires des écoles de la rue du Fouarre, du Petit-Pont, où il avait, dit-il, appris et professé les arts, étudié la médecine, le droit civil et canonique. Dans un de ses poèmes latins, il s'adresse ainsi à un ami :

« Je t'engagerais à visiter Paris et ces contrées éloignées, mais je suis effrayé par les dangers de la mer en courroux. Peu d'endroits me sont plus familiers que cette ville, où je fus dans mon temps une des colonnes du Petit-Pont. C'est là que j'ai été jadis étudiant et maître dans la Faculté des arts. A ces premières branches d'enseignement sont venus se joindre des cours de théologie, de droit canon, Galien et Hip-

---

[1] *Distinc.* v. c. 5 et 6.
[2] « Ibi, ad pedes ejus, prima artis hujus rudimenta accepi, et pro modulo ingenioli mei, quid- » quid excidebat ab ore ejus, totâ mentis aviditate excipiebam. » *Metalog.* liv. ii. c. 10, p. 802.

pocrate; la législation civile n'a même pas été sans charmes pour moi [1]. »

Plus d'un, parmi ces hommes, pouvait dire, comme Gervais, évêque de Seez : « L'Angleterre m'a donné le jour, mais c'est la France qui m'a nourri [2]. » Plus d'un peut-être ajoutait, avec Jean de Garlande : « Moi qui ai eu l'Angleterre pour mère et la France pour nourrice, je préfère au fond du cœur ma nourrice à ma mère [3]. » Ce Garlande, poète et grammairien, rappelle, dans un de ses ouvrages, qu'il étudia la philosophie avec Roger Bacon ; mais fut-ce à Paris, à Toulouse ou à Oxford? C'est ce qui reste douteux, car il fréquenta ces trois universités. Ce qu'il y a de certain, c'est que, dans un dictionnaire latin imprimé par M. H. Géraud, à la suite de *Paris sous Philippe-le-Bel*, il parle des marchands de Paris, et des tromperies qu'ils commettaient envers les écoliers, en homme qui a passé par-là. Notre vieux Paris, à son tour, avait conservé plus d'un souvenir de ces étudiants étrangers qui se pressaient alors dans son enceinte. La *rue d'Écosse*, qui vient de disparaître dans les nouveaux embellissements du quartier des écoles, devait son nom aux jeunes Écossais qui, dès 1290, venaient s'y loger à proximité de leur collége, situé rue des Amandiers. Car c'est au treizième siècle que commença entre les Français et les Écossais cette alliance qui dura jusqu'au dix-septième, et qui ne cessa qu'avec l'indépendance et le catholicisme de l'Écosse, alliance cimentée par le besoin de s'unir contre des ennemis communs, par les services rendus de part et d'autre, et par les priviléges de la naturalité française conférés aux archers de cette nation que nos rois prirent pour gardes de leur corps.

Dès l'époque de la conquête, Guillaume faisait venir de Normandie et de France des moines et des prélats auxquels il distribuait les abbayes et les évêchés de son nouveau royaume. Le fameux Thomas Becket, originaire du Vexin normand, devint archevêque de Cantorbéry, comme l'avait été avant lui Lanfranc, abbé du Bec, et comme le fut ensuite Boniface, chartreux de Belley. Le clergé anglais à son tour était appelé à remplir des emplois temporels ou spirituels dans les possessions des rois d'Angleterre sur le continent. Gervais de Tilbury était nommé

---

[1]
    Hortarer te Parisius partes que remotas
      Visere, sed terret me maris unda tumens.
    Vix aliquis locus est dictâ mihi notior urbe,
      Quâ modici pontis parva columna fui.
    Hic artes didici docuique fideliter, indè
      Accessit studio lectio sacra meo :
    Audivi canones, Hypocratem cum Galieno ;
      Jus civile mihi displicuisse neges.

      Anglia me genuit, nutrivit Gallia.
      Anglia cui mater fuerat, cui Gallia nutrix
      Matri nutricem præfero mente meam.

sénéchal d'Arles, tandis que Pierre de Blois et Guernes de Pont-Saint-Maxence prenaient place dans le chapitre de Cantorbéry. Cet échange de hautes fonctions ecclésiastiques dans les deux pays était favorisé par cette circonstance que beaucoup de monastères anglais avaient leurs chefs-lieux d'ordre en France. Ainsi Saint-Serge d'Angers possédait Talkarn dans le Devonshire, et Tywardreth dans le comté de Cornouailles. Tykeford et Cosham dépendaient de Marmoutiers ; Ashby et Churchlington d'Ainay ; Ronwel et Wylecote de Fontevrauld. En 1414, on ne comptait pas moins de cent quarante établissements anglais de ce genre, nommés *alien priories*. Par un reste bizarre de cet état de choses, les îles de Jersey et de Guernesey, demeurées anglaises après l'adjonction définitive de la Normandie à la France, continuèrent à ressortir du diocèce de Coutances, dont les évèques correspondaient avec les rois d'Angleterre à raison de leur juridiction épiscopale.[1]

Comme on le voit, la France et l'Angleterre, avant le quatorzième siècle, n'avaient pas de ligne de démarcation bien précise. La France était en Angleterre par ses barons, par ses lois, par ses usages ; l'Angleterre était en France par la possession du Poitou, de la Saintonge, du Périgord, du Limousin, de la Guyenne, de la Gascogne, du Bigorre. Cependant la perte de la Normandie, du Maine, de l'Anjou et de la Touraine par Jean-sans-Terre, les défenses faites par les rois Henri III et Louis IX aux sujets d'une des deux couronnes de posséder des terres dans le domaine de l'autre, les longues luttes où s'engagèrent les deux peuples pour la possession de territoires toujours disputés, le développement, chez l'un et chez l'autre, d'institutions peu dissemblables à leur point de départ, mais qui s'écartaient de plus en plus en sens contraire, commençaient à marquer la séparation et à constituer deux nationalités distinctes.

Le langage subissait à son tour la loi de cette révolution que le règne d'Edouard III vit s'accomplir et qu'on peut regarder comme consommée dans les dix ans qui suivirent sa mort. Dans un fabliau du quatorzième siècle, on voit commencer le nouvel état de choses qui allait faire de l'anglais une langue étrangère chez nous. Deux individus de cette nation se trouvent en France. L'un d'eux est convalescent. *Que volez-tu*, lui demande son compagnon, dans le mauvais jargon que l'auteur prête à ses personnages. L'autre répond :

> Si tu avez un anel cras
> Mi porra bien mengier, ce croi.

Notre anglais s'en va de boutique en boutique pour *chater* (acheter) de *l'anel*. On ne sait ce qu'il veut dire, on lui rit au nez, on le prend pour un Auvergnat ou pour un Allemand. Enfin, quelqu'un s'imaginant qu'il demande, non de l'agneau, mais de l'âne (*asinellus*, aniel), lui vend un petit anon de quinze jours qu'il avait chez lui, et celui-ci, avec un flegme tout britannique, en accommode un plat qu'il sert à son ami. Mais le malade trouvant les os bien grands pour un agneau s'écrie :

> Cestui n'es mie filz à *bée*.

Non dit l'autre,

> Cestui fu filz *ihan, ihan*.

De son côté, la langue anglaise prenait une physionomie distincte dans la prose de Wycliffe et de Mandeville, dans la poésie de John Gower et Geoffroy Chaucer; mais, en se séparant du français, elle lui rendait encore hommage comme à un idiome qui, pour cesser d'être le langage usuel, n'en restait pas moins celui de la littérature et de la société polie, *high life*, ainsi qu'on le dit plus tard. La plupart des auteurs que nous venons de nommer ont parsemé leurs écrits de phrases et de tournures françaises; quelques-uns de leurs ouvrages sont même écrits dans cette langue. Telle est la seconde partie de la *Confession de l'amant* par Gower. Voici en quels termes l'auteur s'en excuse dans sa préface et dans sa ballade d'envoi : « Puisqu'il ad dit ci-devant en englois par voie d'essample la sottie de celui qui par amours aime, dirra ores après en françois à tout le monde en général une traitie selonc les autours pour essampler les amants marriez, etc.»

> A l'université de tout le monde
> Johan Gower ceste balade envoie,
> Et si jeo nai de François la fâconde,
> Pardonetz-moi que jeo de ces forsvoie;
> Jeo suis Englois, si quier par tiele voie
> Estre excusé.....

Cette double citation prouve que le français, quoique compris encore de tout le monde en Angleterre, n'était plus écrit avec la même pureté qu'en France et que les écrivains anglais avaient la conscience de cette transformation.

Comme son contemporain, Chaucer a été blâmé de ses nombreux gallicismes par plusieurs critiques nationaux [1], qui ne paraissent pas avoir considéré que, chez lui, cette mixtion étrangère est un legs du passé, tandis que la partie purement anglaise constitue l'originalité de son style et une véritable innovation. Du reste, ainsi que Gower, il établit une différence entre le français parlé en France et celui dont on se servait en Angleterre, lorsque dans son *Conte de la Prieure*, dé-

---

[1] Chaucer, dit Verstegan, avait la manie de mêler l'anglais avec le français pour lequel il professait une grande prédilection. Un autre critique, Skinner, parle de « charretées d'expressions importées de France (*integris vocum plaustris e gallid in nostram linguam invectis*) On avait donné à Chaucer le sobriquet de *french brewer*, brasseur français.

crivant l'éducation qu'elle avait reçu dans un couvent à la mode, le *Sacré-Cœur* de Londres à cette époque, il s'exprime ainsi : « Elle parlait français fort agréablement, d'après la méthode de Stratford-at-Bow ; mais elle ne connaissait pas le français de Paris[1]. » Pour en finir avec la langue de Chaucer et de son époque, remarquons qu'un certain nombre de gallicismes ont été tour-à-tour abandonnés, puis repris par nos voisins, puisque l'un de ses éditeurs, Speght, a compris, en 1602, dans son glossaire des termes obscurs, plusieurs mots tirés du français, qui n'exigeraient aujourd'hui aucune explication : *abandon, adjacent, excite, incantation, indigence, malady, menace, plumage, surplus,* etc.

Geoffroy Chaucer, ou, suivant la manière française d'écrire son nom, *Chaucier*, était de famille normande ou peut-être picarde, venue en Angleterre à la suite de Guillaume-le-Conquérant. Il fit plusieurs voyages en France, étudia nos vieux romans avec prédilection, et fut lié personnellement ou littérairement avec quelques-uns de nos auteurs contemporains, tels que Froissart, dont il a imité le *Dict de la Marguerite,* et qui le nomme dans ses *Chroniques*[2] parmi les députés venus pour négocier un mariage entre la fille de Charles V et le prince de Galles ; Guillaume de Machault, Alain Chartier, dont il traduisit *la Belle Dame sans mercy* ; enfin Eustache Deschamps, qui lui a adressé une ballade où il le traite de

Grand translateur, noble Geffroy Chaucier[3].

C'est probablement pendant son séjour à Paris que Chaucer entreprit sa traduction de notre *Roman de la Rose,* qui jouissait alors d'une si grande vogue en France et à l'étranger[4]. Plusieurs des *Contes de Cantorbéry* sont imités de nos fabliaux, des lais de Marie de France, de certains épisodes de nos romans de chevalerie et autres sources françaises. Chaucer emprunta même aux Provençaux *le Palais de la Renommée, la Fleur et la Feuille,* etc.

Parmi ceux de nos auteurs que l'Angleterre continuait à imiter ou à traduire, on ne s'étonnera pas de rencontrer un écrivain que nous venons de nommer, Froissart, le chroniqueur cosmopolite des fêtes princières et des prouesses chevaleresques, l'ami du Roi d'Écosse et de deux Rois d'Angleterre, qui passait de la cour de Gaston Phœbus à

---

[1]
      And frenche she spoke full fayre and fetisly
      After the scole of Stratford atte Bowe,
      For frenche of Paris was to hire unknowe.

[2] Liv. i, ch 692, à l'année 1377.

[3] *Œuvres inédites,* publiées par M. Pr. Tarbé. Reims, 1849, in-octavo, t. i^{er}, p. 123.

[4] Le bibliographe anglais Ames possédait un manuscrit français du *Roman de la Rose,* qui portait sur sa dernière feuille ce *memorandum,* écrit de la main d'un de ses compatriotes : « *Cest lyvre costa au Palais de Paris 40 couronnes d'or.* »

celle d'Edouard III, et dont les écrits témoignent qu'il n'avait point séjourné dans ce pays sans en étudier les mœurs[1]. Au quinzième siècle, lorsque le savant imprimeur Robert Caxton multiplia les traductions anglaises de nos auteurs, romans de chevalerie, chroniques, traités didactiques, livres de piété, etc. (sur soixante-quatre ouvrages émanés de sa plume ou sortis de ses presses, il y en a bien cinquante traduits du français), il crut devoir indiquer les *Chroniques de Froissart* avec les romans de *Lancelot* et de *Perceval*, comme des ouvrages également propres à inculquer les vertus chevaleresques dont le Prince Noir et notre Du Guesclin avaient à l'envi ravivé les souvenirs. Aussi, les plus grands seigneurs de l'Angleterre mettaient la main à ces traductions de nos écrivains, et tandis que lord Berners faisait passer dans sa langue aristocratique la prose de notre grand chroniqueur, le comte de Rivers traduisit en vers les *rondels* de Christine de Pisan, répétés avec délices par le roi Edouard IV et par la belle Elisabeth Widville, car depuis qu'Edouard III lui avait emprunté la devise fameuse de son ordre de la Jarretière, le français n'avait pas cessé d'être la langue de l'amour et de la galanterie.

Le quinzième siècle vit la fin de ces grandes guerres qui en remplirent encore la seconde moitié, et qui faisaient dire à nos Rois, dans leurs manifestes et dans leurs ordonnances: « Nos anciens et ordinaires ennemis les Anglais. » Ils ne pouvaient manquer de laisser dans nos provinces des traces de leur long séjour. Le génie maritime et l'esprit d'aventure qui caractérisent nos populations riveraines de l'Océan reçurent certainement, du contact avec les Anglais, une impulsion dont ceux-ci purent éprouver le contre-coup à leur tour. Les relations commerciales de Londres et des cités maritimes de la Grande-Bretagne avec Paris, Nantes, Bordeaux, Bayonne, Toulouse, Montpellier, Amiens, Abbeville, Cambrai, Saint-Quentin et les villes de Flandre, sont attestées par les documents municipaux conservés en Angleterre, et dont M. J. Delpit a dressé l'inventaire[2]. Ces relations commencent dès la seconde moitié du treizième siècle et se continuent jusqu'au seizième, où l'on en trouve la dernière expression dans les réglements de l'*Estaple* de Calais, corporation municipale et commerciale, qui subsista même après la reprise de cette place par les Français. Un Legallois (ce nom était devenu commun chez nous depuis que la conquête de la principauté de Galles avait multiplié les émigrants de ce pays, de **1283** à **1356**) était maire de Bordeaux en **1247** et devenait maire de Londres l'année suivante. On trouve même, en **1432**, une correspondance

---

[1] Il dit quelque part, en parlant des Anglais: « Ils se réjouissaient tristement, suivant la coutume de leur pays. »

[2] *Documents français qui se trouvent en Angleterre.* Paris, 1847, in-4º.

entre la commune de Paris et celle de Londres, où il est dit que, « si elles voulaient s'entendre, les choses ne se passeraient que mieux dans les deux pays. » Ces précédents nous ont paru curieux à rappeler, au moment où le palais de notre édilité parisienne vient de s'ouvrir et d'étaler ses splendeurs pour accueillir les représentants de la Cité britannique. Enfin, il y eut, chose encore plus singulière, un commencement d'introduction sur le continent du régime politique, déjà si différent du nôtre, qui s'établissait alors chez nos voisins, et comme un essai du système représentatif. Ainsi, les députés des villes de l'Aquitaine furent convoqués et réunis à Bordeaux après le traité de Brétigny, et Calais, jusque dans les dernières années de la domination anglaise, fut en possession de nommer deux députés au Parlement d'Angleterre [1].

L'établissement des Anglais en Guyenne et en Périgord avait naturellement amené entre eux et les familles du pays des alliances dont on trouve encore la trace dans les *Essais de Montaigne* : « Il est une nation à laquelle ceux de mon quartier ont eu autrefois si privée accointance qu'il reste encore en ma maison aucune trace de leur ancien cousinage [2]. » Mais la grande croisade patriotique qui amena leur expulsion fit nécessairement proscrire tout ce qui pouvait rappeler le souvenir d'une domination odieuse. On cite encore dans nos provinces du centre quelques sobriquets de village à village, où s'est perpétué, après tant de siècles, le reproche de connivence avec les Anglais. Du reste, on ne voit pas que leur long séjour en France ait laissé beaucoup de traces dans le langage populaire, si ce n'est certaines phrases destinées à les ridiculiser et à les maudire. On retrouve dans Villon un juron anglais qui était resté populaire : *brelare bigod (by'r lord by god)*. La Pucelle les appelait, comme font encore aujourd'hui les gens du peuple, des *mylords* et même des *goddams* [3]. Olivier Basselin et son école se faisaient l'écho de la colère publique dans ces vaudevires où ils raillaient à la fois les dévastateurs de leurs vergers et les envahisseurs du pays :

> Ne craignez point, allez battre
> Ces *Godons*, panses à pois,
> Car un de nous en vault quatre
> Au moins en vault-il bien trois.

Les populations des campagnes dévastées par eux leur reprochaient surtout la gloutonnerie et l'ivrognerie, vices qui les frappaient le plus,

---

[1] Bréquigny, *Mémoires pour servir à l'histoire de Calais.* — J. G. Nichols, *Chronique de Calais sous les rois Henri VII et Henri VIII jusqu'en* 1540, en anglais.
[2] *Essais,* liv. II, ch. 12.
[3] *Mémoires sur la Pucelle*, p. 17. Dans la Collection Michaud et Poujoulat.

et à leurs yeux, une des principales causes des longues guerres qu'ils avaient soutenues contre nous était, de la part des Anglais, le désir de substituer nos bons vins de France à leur mauvaise bière. Menot, le prédicateur populaire, s'exprime ainsi dans un passage de ses sermons : « Fuerunt Angli qui voluerunt portare Franciam in patriam suam, quia inveniebant vinum melius quàm cervisiam. Sciebant se non posse manere semper in Francia, nec portare Franciam in patriam suam; voluerunt portare subtilitates Franciæ : ceperunt palmites et voluerunt plantare vineam in Angliâ; sed cùm ibi fuerunt plantatæ, fuerunt abastardis. » La *Chronique de Saint-Denis* racontant comment, en 1345, les Anglais s'emparèrent de la Roche-Derrien, où se trouvaient seize cents tonneaux de vin, ajoute : « Et en buvoient très volontiers, suivant le dit commun, lequel je ne tiens ne pour faux du tout, ne du tout véritable : *li Normant chante, l'Anglois boit et l'Allemant mengue.* » Eustache Deschamps, dans une de ses ballades [1], tourne en ridicule la force des Anglais qui « pouvaient porter deux tonneaux et une queue », jouant ainsi sur le double sens du mot *queue*, car on leur donnait le sobriquet de *coués (caudati)*, à cause de leurs longs vêtements. Voici le commencement d'une autre ballade du même auteur [2] :

> *Franche dogue*, dit un Anglois [3],
> Vous ne faictes que boire vin.
> — Si faisons bien, dist le François,
> Mais vous buvez le lunequin (la bière).

Les injures, comme on le voit, étaient réciproques, et la plûpart des préjugés qui continuèrent à diviser les deux peuples prirent naissance alors. Ce vieux thême inépuisable des caricatures anglaises contre nous, qui consiste à faire du Français un pauvre diahle maigre et nourri de grenouilles, remonte aux impressions que remporta jadis de nos misérables paysans, de nos *Jacques*, le robuste *Yeoman*, vainqueur à Crécy et à Poitiers, type de cette classe moyenne qui n'existait pas encore en France; et lorsque plus tard ces paysans l'eurent enfin vaincu et chassé, il se vengea par ces portraits où leur misère, en partie son ouvrage, était mise en contraste avec le bien-être dont il jouissait déjà. Ce sentiment se retrouve même dans la comparaison plus sérieuse qu'établit entre les deux peuples le chancelier Fortescue, exilé en France sous Edouard IV. C'est avec tout le dédain moderne

---

[1] *Poésies d'Eustache Deschamps*, publiées par Crapelet, p. 91.

[2] *Poésies inédites d'Eustache Deschamps*, publiées par P. Tarbé, t. I, p. 24.

[3] Froissart avait déjà constaté que *chien de Français* était une locution familière des Anglais en parlant de nous. Liv. II, ch. 207

de John Bull qu'il oppose le confort et l'indépendance des francs-tenanciers anglais à la condition misérable et servile des communes françaises. Il va même, singulier raisonnement pour un magistrat, jusqu'à se faire un argument de ce qu'il y a (nous citons ses propres paroles) « plus d'Anglais pendus en un an que de Français en sept, parce que si un Anglais est pauvre, il ne se génera pas pour prendre de force aux riches », et il attribue cette prétendue supériorité de courage aux aliments plus substantiels dont se nourrissaient en Angleterre l'homme du peuple et le paysan.

Ce qui reste vrai, en dépit de l'étrangeté des arguments, c'est qu'à cette époque, la masse du peuple anglais avait sur le nôtre l'avantage d'une meilleure condition matérielle et sociale, et que, grâce à une liberté civile mieux assurée, il y avait chez lui à la fois plus d'esprit public et de prospérité générale. Vers la fin du quinzième siècle, Comines, serviteur du monarque le plus absolu qui fut jamais, remarquait que le roi d'Angleterre ne pouvait rien entreprendre d'important sans assembler son parlement « qui est chose très juste et très saincte, et en sont les roys plus forts et mieux servis. » Et ailleurs : « Entre toutes les seigneuries dont j'ay congnoissance, où la chose publicque est mieulx traitée, où règne moins de violence sur le peuple, c'est l'Angleterre. »

Ainsi les deux peuples, après s'être mesurés sur les champs de bataille, commençaient à s'observer, à se juger dans leurs conditions diverses d'existence politique et sociale. Il entrait dans ces jugements un mélange de préjugés populaires et de justes appréciations. Nous verrons bientôt ce que les siècles suivants apportèrent d'éléments nouveaux à ces relations entre la France et l'Angleterre.

E. J. B. RATHERY.

Paris. — Imprimerie française et anglaise de E. BRIÈRE et Cᵉ, rue Sainte-Anne, 55.